Chantal Mirail

De corail et d'édelweiss

poèmes

© 2021, Chantal Mirail

Édition : Books on Demand,
12/14 rond-Point des Champs-Elysées, 75008 Paris
Impression : BoD - Books on Demand, Norderstedt, Allemagne
ISBN : 9782322181421
Dépôt légal : janvier 2021

Les joies féroces de l'amour

A mon Aimé, ce diable d'Eden, ce poète de la ferraille,
ce mufle à la rose, cet ange noir,
mon oxymore.

Charade d'amour

Mon premier c'est toi car tu m'as créée femme
De tes caresses et de ton souffle
De feu
Mon premier c'est toi
Lorsque nous accouchons l'un de l'autre
Lorsqu'en tes bras j'éclos, lorsqu'à mon sein tu prends naissance
Toi mon aimé toi mon aîné
Tu es né de moi éternellement
Tu es mon nombril du monde !

Et mon deuxième c'est toi, toi ma distance
Tu es mon deux, mon face à face, ma différence,
Mon étranger,
Tu es mon autre
Et mon second qui me seconde,
Mon cousin du bout du monde,
Un voyage au fond de ma nuit
Tu es ma galaxie.

Toi mon troisième enfin tu es le père de mes enfants,
Tu es l'absent à qui je pense et pense

Sur qui repose tous mes désirs,
L'écrin clair-obscur de notre avenir,
Tu es l'espoir d'un autre monde,
Ma révolution, mon levain,
Celui qui souffle, en ma vie, du divin,
Tu es l'amour enfin.

Tu es mon Un, unique et essentiel,
Tu es mon deux, mon lointain si cousin,
Tu es ma troisième dimension,
Tu es mon tout,
Mon début et ma faim
De vivre.

1985/ 2011

J'ai appris la mer
Sur ton corps salé émergeant des vagues.
J'ai appris la mer
De ma langue gourmande parcourant le relief de ta poitrine large,
Séjournant en ce creux qui soupire en son centre.

J'ai léché longuement le sel
Sur ton cou, tes bras, tes lèvres,
J'ai mis tout mon soin à te goûter et te parcourir,
J'ai dit : tu ne seras plus jamais
Ours mal léché…
Et toi tu m'as nommée chèvre
Dévalant sur ton rire au milieu des rochers.

J'ai découvert alors la mer
De mes désirs
Et j'ai soif de toi.
Et j'ai pu goulûment boire à la vie
Parce que j'ai ***toi-f.***
Soif et boisson, tu es mon désir et son contentement.

1982.

Et c'est sur ton corps aussi que je suis allée à la recherche de ton Arabité, que je l'ai apprise et balbutiée de mes mains, de mes yeux, de mes sens attentifs.

Arabes tes cheveux, toison aux boucles noires où éclate notre différence puisque si raides sont les miens. Avec un seul point pourtant de mon corps qui lui ressemble et ta toison devient alors la porte de mon univers enfoui, le voile de tout le bien, de tout le mal, de l'inconnu, du diable qui te prend, de l'ogresse qui m'habite, les boucles de tous mes désirs et de toutes mes angoisses.

Arabes tes longs cils, ou bien le noir de tes yeux ?
Arabe ton regard, profondeur et clarté de vie et de mort, chaleur et froideur de ta fierté sauvage.

Arabes tes lèvres, parce qu'elles sont le baiser de ta tante.

Arabe, c'est basané, disent-ils.
Pourtant je ne parlerai pas de la couleur brune de ta peau mais de tes mains, pour essayer de comprendre ce que je pressens de leur profonde arabité,
la paume de tes mains, albâtre longuement érodé et poli, les lignes de tes mains, tracées et marquées profondément depuis des millénaires dans une écriture très ancienne qui me serait totalement inconnue,

tandis que les miennes paraissent roses et pâles et leurs lignes fragiles,
à peine dessinées, comme une aurore qui s'ébauche.

Arabes, peut-être est-ce incongru de le dire ?
Arabes tes fesses, dont mes caresses apprennent le granulé, la texture unique, l'aspect pigmenté. Et je plonge dans des paysages écrasés de soleil et je m'enfouis dans le sable fin de plages infinies.

Et bien sûr, je parlerai de lui aussi,
arabe ton petit bonhomme à la tête haute,
propre et net comme au sortir du hammam,
mon petit garçon qui se dresse tout nu pour l'aube de notre fête,
pour le baptême de notre plaisir
à qui par aspersion tu donnes son nom,
et que je circoncis pour notre reconnaissance.

1980.

Ton prochain tu aimeras
C'est mon lointain que j'ai aimé.

Toi mon cousin du bout du monde
Lointain de tes cheveux bouclés,
Lointain de ta peau sombre
Lointain de ton arabité
Toi mon aimé si mal aimé
Fuyant ma tendresse éclatée
Fuyant ton amour qui t'affole
Toi mon aimé si mal aimant
Lointain par nos combats et nos ruptures
Toujours recommencées
Lointain je t'aime, mon étranger.

Ton prochain tu aimeras
C'est mon lointain que j'ai aimé.

Toi ma douleur pour te fuir
J'ai voulu choisir ton contraire.
Il était blond, il était clair
Venu du Nord et de la mer.
J'ai voyagé sur mes désirs

Dedans son navire de viking
Traversant les terres et les îles
Dans son hiver je t'ai trouvé,
Toi mon été.

Ton prochain tu aimeras
C'est mon lointain que j'ai aimé.

Pour t'oublier je t'ai cherché
Dans tous ceux qui te ressemblent
J'ai pardonné à l'ami tendre
Ce qu'en toi je condamnais
Et j'ai vibré à ses poèmes
Comme je vibrais à tes caresses.
J'ai approché le plus voisin
Et n'ai pas craint d'être son proche
Mais tu étais plus proche encore
Mon météore.

Ton prochain tu aimeras
C'est mon lointain que j'ai aimé.

Toi mon lointain ma différence
Je t'ai cherché, je t'ai perdu et retrouvé
J'ai couru de par le monde pour t'approcher pour t'éloigner
J'ai parcouru cette distance de moi à toi et t'ai trouvé

Lointain jusqu'à ce que je t'enfante,
Dans les douleurs, dans la tendresse,
Dans l'allégresse, les déchirures
Et dans l'amour le plus désespéré
Toi mon aimé, toi mon es-né.

Ton prochain tu aimeras
Toi mon lointain je t'ai aimé
Lointain lointain jusqu'à confondre
Le ventre d'où nous sommes nés.

1985

Un pied en France, un pied en Tunisie,
Depuis longtemps, tu fais le grand écart
Tu n'es bien ni là-bas ni ici.

Depuis toujours tu parles de ton retour
Et moi j'y croyais sans y croire,
Aujourd'hui tu le prépares,
Tu te rassembles et tu t'épanouis.

      Et moi qui vois ton sourire revenir,
        J'ai mal à notre amour qui fait le grand écart.

Un pied en France, un pied en Tunisie,
Ni bien là-bas, ni bien ici,
C'est moi maintenant qui fais le grand écart
Entre ces 2 mondes aimés haïs.
Ennemis.

Je rêve d'un pays où planter côte à côte
quatre pieds tiens et miens rassemblés et confiants,
où faire enfin ensemble la grand-roue d'où naitra
      l'arbre dont nos rêves
          sont pour l'instant la sève.

J'ai vécu mon amour sur une île déserte.

J'ai tendu maintes fois une main de détresse,
mais le prix du secours était de te lâcher,
toi mon brillant amour au teint trop basané.
J'ai nagé quelques fois vers un bateau sauveur,
Etoile de l'Occident,
lorsque je fus à bord il afficha complet,
pour toi, fils d'Orient, toi qui es mon Aimé.
J'ai été négociée comme otage, délivrée,
mais tu ressemblais trop pour être du voyage,
à ce peuple du Levant tout entier en otage,
toi aux mêmes yeux fiers qu'on trouve sous les keffiehs.
J'ai demandé de l'aide aux grands pontes du cœur,
ils ont interprété que ma nage rageuse,
ma fuite vers le large était refus de toi,
toi ma folie, toi ma douleur, mon trop aimé.
J'ai reçu, présentés par des amis sincères,
des miroirs si trompeurs que seule se reflétait
mon image. Et où donc étais-tu,
toi mon sauvage, mon primaire, mon premier ?
J'ai reçu d'amies sincères des parachutes
pour femme libérée.
Mais pour moi ils étaient trop élevés.

Alors dans le silence vers toi j'ai crié.
Dans tes yeux de détresse s'étendait le désert,
tes yeux de solitude loin de toi m'exilaient,
tes yeux de désespoir m'absentaient,
tes yeux de dignité de toi à moi creusaient
des années-lumière de distance
et le sable à l'infini exaspérait
de mille picotements ma peau de solitude.

Et puis, et puis,
dans le désert une graine a germé.
Tu l'as cultivée de ta tendresse,
je l'ai arrosée de mes larmes.
Et puis,
tes yeux se sont peuplés de moi, m'ont hébergée,
m'ont offert enfin l'hospitalité.
Et puis,
le désert a reculé,
et nous avons jeté tout autour sur la mer
des ponts sans douane, sans péage, sans frontière.

J'ai vécu mon amour sur une île déserte.
Aujourd'hui, nous allons la peupler de nos rêves,
de nos enfants, de possibles par milliers !

1988.

L'amour est voyage, l'amour
Est partage, l'amour est naufrage
Évité, minute après minute,
Baiser après baiser, jour
Après jour.

L'amour quand il déborde porte à clamer tout haut
        Les doux mots murmurés au creux de l'oreiller.

L'amour, c'est mille vagues, disputes et retrouvailles,
Déferlement de joie, ressac de chagrin.
L'amour ne promet rien, ni jamais ni toujours,
De lui on reçoit tout si l'on défie ce rien.

L'amour c'est rêver aujourd'hui un demain.

Ma troisième nuit de ton absence…
Le soleil ce matin ne m'a pas appelée
mais enterrée au fond de mon lit

Est-ce à l'envers maintenant que tu veux me faire vivre,
ou mourir,
Les mille et une nuits ?

De mes larmes je serai,
pour qu'en toi il germe,
Pluie.
Je serai labour pour ton regain.

Pour toi j'ai inventé
des mots éclatants de soleil de grandeur
et de magnificence,
Mais voilà que ma bouche prononce
des mots mesquins gris sales ironiques
Malsains.

Le visage que tendrement je te prépare
Rayonne de vie de tendresse et de couleurs
Oh ! ma détresse
quand je tourne vers toi
un visage grimaçant sombre et amer.

Alors éperdument je module
une voix claire et chantante et douce,
pour toi.
Dans l'immobilité de mon impuissance
est-ce ma voix qui te parvient
acariâtre criarde
aigrie aigue ?

Oh attends…

Mes bras vont t'enlacer
pour t'être abri et protection
Mes bras vont t'enlacer
pour que tu me protèges et m'abrites.

Au bout de mes bras des poings
pour te frapper
toi mon amour mon innocence,
Oh ! pourquoi ???

Tu es vie

La vie est-elle le bonheur ?
Non, elle est bonheur et malheur,
Elle est une force qui pousse vers l'avant,
avec le bonheur malgré le malheur.

Tu es vie
Et la vie est à la fois rencontre et solitude,
amour et indépendance.

Tu es vie
Et la vie est paroles
et elle est silence.
Et nous ne l'aimons pas pour ce qu'elle est,
ni pour ce qu'elle nous apporte, ni pour son visage ni pour son allure.
Nous l'aimons parce qu'elle est.

Ainsi de toi qui es vie,
force vive
jusque dans la mort.

La mort est l'orgasme de la vie.
Et je mourrai dans tes mains,
tout au bout de moi-même,
tout au bout de toi, loin au-dessus de nous,
dans un grand soleil de sperme.

Appel pour une Nation Permettant l'Espoir
ANPE

Ce fut d'abord un rêve,
une ligne fragile, un roseau
s'élançant vers le ciel.
Ce fut d'abord un mot,
un de ces rares mots surgis du fond de toi.

Un jour ce fut poème
dans l'avalanche de mes phrases.
Et puis ce fut racines,
de corail et d'édelweiss.
Ce fut un tronc solide
comme la force des années,
comme la certitude.
Enfin ce fut deux branches,
en leur fourche déjà un nid se blottissait.

Mais l'arbre reste stérile
et la branche si fragile.

L'arbre que nous construirons,

adolescent,
est resté dans nos têtes.
Il le fallait adulte, il demeure futur,
son absence est un gouffre,
une angoisse coup de poing
dans le creux de mon ventre.
Aucune terre pour lui donner asile,
il erre dans nos têtes et nos cœurs,
dans nos poèmes, dans nos mots,
dans nos projets, dans nos regrets,
il est une âme en peine,
un errant un proscrit,
émigré,
un éternel retour,
Un demandeur de terre…
Doit-il aller pointer ?

Arbre cherche terre
Même pauvre, même aride, même lointaine,
Et même, même, voisine.
Arbre cherche terre acceptant
l'eau et puis le feu,
le corail et l'édelweiss,
le jour et puis la nuit,
mon amant et moi aussi,
moi et mon amour aussi.

ANPE

arb. ch. terre

Tel heures de vie

Au 1 2 3

Dans tes yeux fierté

Dans tes yeux tempête
le soleil et la vie dans
tes mains ouragan.
Dans tes yeux destruction
l'aube de ma naissance.
Dans tes yeux fierté
l'infini de la mer
dureté
l'infini de mon moi
tendresse
de feu.
Dans tes yeux tempête
le feu
de ta fierté
le feu
l'infini de toi
la mort dans une
brûlure
De soleil
Et de sperme.

Dans tes yeux fierté.

1975.

Mon lointain
Pourquoi as-tu peur de m'aimer ?
Laisse-toi emporter par la vague qui déferle sur toi
En elle tu trouveras ta liberté.

Tu es l'inattendu,

O toi que j'attends et attends tant et tant

Et je m'exaspère à te guetter là où tu n'es pas
Et je me désespère de ne pas te trouver tel que je te rêvais,

Non, tu n'es pas celui que j'escomptais, cet homme calme et prévenant,
ou cet autre plus marginal, soixante-huitard à la guitare
ou ce militant solide et structuré,

Tu es à la marge de toutes les marges,

Et quand je t'espère portant chapeau et queue de cheval,
te voilà avec ta *gouffa* de boucles nuageuses
débordant d'un bonnet enfoncé jusqu'aux oreilles,
le pantalon glissant sur les hanches,

Tu es au-delà de tous les rêves, de tous les calculs, de tout ce que j'aie jamais pu imaginer

Avec ce petit brin de folie qui donne à la vie son souffle

et son renouveau,
qui fait qu'aujourd'hui n'est pas semblable à demain,
ce brin de folie qui fait éclater le monde des convenances et autres uniformes
qui dénude l'hypocrisie et déchiquette les masques,
ce tremplin pour quitter le sol du quotidien.

Tu es ce déroutant qui m'ouvre d'autres routes,

Et tu me sauves de ma folie,
d'un destin de mère Teresa qui fut petite fille bien gentille,
de Céline aux beaux yeux sacrifiée à ses frères, sans amant et sans enfant,
de vilain petit canard dont les plumes éclatantes elles-mêmes signent le raté d'un ratage prédestiné,
Ce destin, prison volontaire aimée, haïe,
où je me débats et me bats, me cognant à moi-même,
penaude et meurtrie.

Tu es l'inespéré

Et tu me surprends
quand tu t'effaces devant des canards sauvages dans le seul souci de leur liberté,
quand tu offres un café au cambrioleur surpris dans ta cuisine,

quand ta solidarité te porte sans hésitation au côté des damnés de la terre,

quand, exaspérant de n'être jamais à l'heure,
tu donnes le temps au temps,
jouant avec ses limites,
sillonnant entre les vagues des minutes
et faisant ricocher les secondes,

Quand ta découverte de nouveaux pays
se fait au cœur des choses,
chez le coiffeur, chez le tailleur, sur un chantier,
tu me surprends encore et encore,

Tu es de ma vie la surprise

Et tu n'es pas poète de papier…
Ta poésie, elle est dans l'odeur du gasoil derrière une moissonneuse batteuse
quand la paille jaillit en éclairs dorés de la machine,
elle est dans une décharge où surgit l'objet incongru et inutile
que tu stockeras dans un coin de la cave
pour le jour où,
elle est dans une tente canadienne toute neuve montée dans le salon,
 "pour voir"
 et où tu m'entraînes pour une inauguration intime.

Tu entrouvres pour moi des portes inimaginées,

Et je crie et je pleure et je meurs de ne pas te trouver
quand j'ai tant besoin de toi
Et je vis
à t'apercevoir au loin, au-delà de mes cris, par-dessus mes chagrins,
m'attendant telle que je suis,
oubliée de moi-même.

Insupportable absent, même quand tu es à mes côtés,
tu es mon fugitif météore,
me révélant en un éphémère éclair une brèche vers d'autres galaxies.
Et j'y découvre mon étoile
où déjà tu m'attends,

Toi, l'inattendu.

2011

J'ai vécu mon amour sur une île déserte,
j'ai coupé mes racines pour trouver mes désirs,
j'ai fermé l'avenir pour jouir du présent
et j'ai cru que c'est là que naîtrait notre enfant,
dans ce havre de paix entouré par la mer.

Mais pour être enfin trois, il faut être plus de deux.
J'ai dû jeter un pont entre la terre et nous,
un pont me reliant à ma terre natale,
à ce grand continent qui a pour nom patrie.
Puis, traversant notre île, j'aiguisai mon regard,
vers ce point cardinal qu'on appelle demain,
vers l'Occident- Maghreb d'où montent nos espoirs.
De l'Est jusqu'à l'Ouest,
Du Levant au Couchant,
Du Naissant au Mourant,
J'ai remis tout en place
Et dans l'aube allongée
Me suis à l'Aimé confiée.

Et là, j'ai accouché.

1985.

Mon lointain pourquoi as-tu peur que je t'aime ?
Je t'apporterai un troupeau d'oiseaux sauvages.

Mon étranger, pourquoi as-tu peur de m'aimer ?
Mon cœur détache délicatement le cheval de ta soif,
Ton cœur donne le ciel au papillon hésitant à se défaire du cocon.

Pourquoi as-tu peur ?
Ensemble nous conquerrons le ciel.

Mathématiques de l'amour

Un plus un égal un si tu m'aimais assez....
Dans le doute et l'espoir nous avons renoncé
au vieux rêve éculé de deux corps en un seul,
nous avons ajouté ton passé mon futur,
ma force ta faiblesse, ton courage mes peurs,
nous nous sommes battu en l'angoisse du zéro
dans ce calcul fou où l'un des deux mourrait,
jusqu'à ce que face à face nous découvrions enfin
l'orgasme du chiffre deux !

Un plus un égal deux, c'est la première leçon.
Mais quand j'ai ajouté un enfant à sa mère,
il m'a fallu apprendre la règle toute entière,
le calcul serait juste à cette condition
que les membres ajoutés soient d'unité semblable.

Un plus un égal trois, si je veux un enfant
il me faut tout d'abord mon Amant te séduire.
Je parerai mon cou de mes larmes anciennes,
percerai mes oreilles de mes désillusions

devenues émeraudes au feu de ton regard,
et trouverai en toi, mon étranger si proche,
mon lointain si cousin
l'ombre d'un avenir portant tes boucles sombres.

Et dans l'image claire d'un enfant aux yeux noirs
j'ai vu le souvenir du regard de mon père,
dans la bouche malicieuse de ta mère l'espoir
d'un sourire semblable et dans ton nom aimé
l'écho de noms anciens, l'écho de noms futurs,
de ce qui a été au soleil des mosquées,
à l'ombre des alpages, dans l'orgueil des Cathares,
et de ce qui sera de toute éternité
dans ce monde nouveau de nos enfants d'espoir,
de nos enfants corail tout autant qu'édelweiss.

Vient à nous, part de nous,
Grâce à notre jonction m'inondant de tendresse,
mille histoires, mille présents, enfin mille demains!

Un plus un égal trois, égal des millions...

1986.

Un seul être me manque et je suis dépeuplée,

Car ma pensée de toi n'habite plus mon corps,
et ton image de doux amant
plane au-dessus de moi, théorique, irréelle, inaccessible.
Et lorsque ton visage aux tendres couleurs sarrasin
tente de se réinstaller en moi,
j'en repousse farouchement l'image,
comme si j'avais peur qu'elle ne me déchire
en deux.

Tu es parti et je suis vide,
tu es parti sans savoir que tu m'arrachais
de moi-même, mante religieuse étourdie.
Dans la douleur, moi divorce de moi,
en larmes acérées, je-de-mes-rêves suis expulsée de ce je réel
où je ne me reconnais pas.
J'enfle et je rétrécis, je fonds dans un monde qui me dévore,
et je ne me rassemble que dans un hurlement.
Je souffre, donc je suis ?

Mais je suis a-sexuée
et ma partie intime est encore de trop, car porteuse de désirs.
Ah ! de ma main l'extirper pour faire taire ce corps qui mendie !

... pensées cauchemardesques s'effilochant
dans mes nuits d'angoisse.

Nuits dont tu es absent, et c'est la mort qui me visite,
s'installant dans mon quotidien, chaussant tes pantoufles
et dormant à mes côtés.
Pendue au téléphone dans l'insupportable attente de ton appel,
je songe, pour échapper à la sonnerie stridente du silence,
à me pendre. Et le fil du téléphone pourrait bien être
le seul lien assez solide pour me porter.
Oui ! J'agirai ma mort, puisque je ne peux agir ma vie !

Prisonnière d'une fatalité m'expulsant du bonheur,
je me découvre tout à coup une peau qui n'est pas mienne,
une parole qui n'est pas mienne
... et ton histoire basanée d'écueils se raconte par ma voix
qui dit "je" pour toi.
Tu es ma peau et elle me démange et m'irrite,
tu es ma peau arabe et elle me fait mal,
elle qui sut m'enchanter ...

C'était dans ce moment de bonheur où nous nous aimions sous la lune,
- ses rayons folâtraient dans tes boucles noires -,
où un plus un était égal à un, sans qu'un amer zéro ne trouble l'onde de ce doux
calcul.
Alors, souviens-toi, alors, j'ai souhaité dans des larmes de joie, mourir une mort
en robe de bal, nous immobilisant dans la tendresse de l'Amour
        à l'infini ...

Car si l'oiseau du ciel crie de ses ailes immenses par le blanc aussi bien
que l'ampleur la grandeur de sa solitude,
moi pauvrement je ne suis que sans solitude
Seule de toi.

Je ne suis pas à toi
mais de toi, faite de toi
de ton sourire, de tes appétits de vivre et de dormir et de savoir

Je suis de toi
Et tu es de moi

Comme deux terres que les siècles de notre amour ont labourées
ensemble et mêlées
Terre d'Orient dévorée de soleil
Terre d'alpage et de neige

Ma confiance est un accouchement à chaque fois renouvelé dans les
douleurs et dans la nuit originelle

Notre amour est une suite sans fin de mises au monde

Qualité : femme !

Et la Femme créa l'Homme

Au commencement était le désir
Et son ombre longue et sûre planait sur les eaux.

Elle hissa en ses mains douces et glorieuses
Le meilleur d'elle-même,
L'oint d'un baiser de sang
Et de le la profondeur de son être femelle
Fit naître un être inverse,
Aux organes inversés,
Prolapsus portant en bannière le caché.

Alors elle lui donna dans un regard d'amour,
Le pouvoir de dresser le plaisir en exergue
Et puis la liberté,
Sans savoir qu'un jour il allait l'en priver.

Puis contemplant son œuvre, sans aucune fierté,
Consciente que le désir seul en était le maître,
Elle dessina de ses lèvres des signes,

Fit vibrer la harpe de sa voix
Et d'elle surgirent des mots pour la première fois :
« Toi qui es mon inverse, mon plaisir, ma superbe,
toi qui es ma trace, mon sens, ma gravité,
toi qui es un autre, différent, étranger,
je chercherai ton nom. »

Elle se tint devant lui, debout, prête à l'entendre
Dans un long face à face respectueux et tendre
      - l'éternité veillait -
ses lèvres sur ses lèvres déposèrent un baiser…

Et la Femme créa l'Homme.

1983 / 2013

Fuyant le feu
destructeur
de mes profondeurs enfouies,
je me suis tournée
vers le sombre inconnu
où le lune
miroitait sa différence.

Je l'ai appelé de son nom de femme,
je me suis inscrite à son temps d'épouse,
je me suis alliée à sa nuit d'ogresse.

Dans l'éclatement
de fer et de sang
j'ai su lune étrange
ennemi viril

Car ma déchirure
fut complète.

Janvier 1981.

Toute parole est trahison :

qui sera traître

entre qui parle

et qui entend ?

Moi je le suis doublement

dans le silence

qui m'emprisonne

et me jouit

en éclats d'or

et puis de sang.

1990

Quand la parole

est trahison

que reste-t-il

s'il faut trahir

mes sentiments ?

Quand tous les mots

sont des faussaires

qui reviendra

porter message,

qui soumettra

à mon langage

la loi

du sang ?

Page blanche

C'est une mariée dans un champ de neige.

Autour d'elle, devant elle, derrière et à côté, partout de la neige
Seule
et elle marche mais à chaque pas elle s'enfonce et c'est si long où elle
va
Mais où ?
Derrière de la neige, à côté de la neige, devant de la neige et elle court
mais s'enfonce et trébuche.
Autrefois, il y a bien longtemps, tiens, le jour où elle a revêtu cette
robe,
autrefois elle n'était pas seule
quelqu'un l'a éveillée et c'est pour ça que depuis elle marche,
toute blanche dans la neige blanche.
Elle aime le blanc, c'est tout ce qu'elle possède et c'est elle et c'est tout
ce qu'elle veut donner
mais le blanc lui reste sur les bras, mais elle se reste sur les bras.
Devant elle du blanc derrière elle et à côté et partout. Est-ce donc
pour ça que je me suis préparée ?
Mais son cri même est blanc et se confond et s'efface dans
l'immensité du blanc tout autour. Et la neige sous ses pieds lâche et

la neige dans ses mains fond et ses yeux loin devant s'étalent et elle ne
peut rien saisir,
c'est contre du vide qu'elle se bat,
la mariée dans le champ de neige.
Et elle s'enfonce et l'horizon recule à mesure qu'elle avance et
Oh ! je voudrais une pierre où me cogner. Noire.

Et elle a mal, tant pis, quand ses yeux grand ouverts regardent
ces deux-là qui viennent à sa rencontre,
main dans la main.

Je suis peau et je suis enveloppe
je suis beauté sous le regard des autres
je suis dehors, et donc je ne suis rien !
Mais je déchirerai ma peau et mon visage
j'éclaterai ma beauté empaillée
pour découvrir enfin l'intime identité
le refuge secret, l'océan des désirs
ce moi qui est dedans !
... quand je le veux dehors.

Oui , c'est vrai que je me veux visible,
je me veux apparaître aux yeux du monde entier,
j'ai besoin d'un public qui me fasse exister.
Mais ma féminité, si elle est utérus,
doit-elle rester en creux,
dans ma féminitude, celle du continent noir,
doit-elle pointer en bosse, dans ma maternité,
ou doit-elle hurler l'utérus nié et c'est mon hystérie ?

Femme, femme, femme où suis-je donc ?
Je m'y perds, je m'y noie,
car je fus dans un utérus,
et ne sait comment vivre
de l'utérus qui est en moi !

Maternitude

Ils la verront la différence
entre l'homme et la femme,
la seule qui se voit,
lorsque je pointerai à la face du monde
mon ventre de rondeur,
ma grossesse assassine,
quand je promènerai le cercle de mon triomphe,
lorsque je prouverai, en ce berceau de vie,
mon pouvoir créateur,
lorsque je serai globe, lorsque je serai monde
et lorsque mon nombril sur ma peau si tendue
dressera sa fierté de l'heure de la naissance.

Hommes au nombril en creux
qui dites continent noir
l'utérus secret, l'utérus oublié,
-vous en venez pourtant !-
hommes à la mémoire courte,
vous la verrez la différence.

Vous la verrez la différence
entre l'homme et la femme,
oui, celle qui se voit,
lorsque je parlerai à l'enfant que je porte
du désir brillant comme un soleil noir,
de l'ombre longue et sûre couvrant le rond berceau
et de ce fier drapeau érigé à la gloire
de l'homme Et de la femme.
Vous la verrez la différence
lorsque je nommerai en un cri de lumière
le père de mon enfant.

1989

A mon bébé pas né

J'ai rêvé un rêve

حـلمت بـ حـلم.
حـلمت أذ نـي حامـلة
و لـ كن حـلمي كـان احـلام
ولـ يس محـ تمل.
عـلي أن أحمل حمـلي بـ حـلم
عـلى ان حـلميـتـ تراقـص الـ حروف
ل م م ل
فـ ساكن حامـلة
أذ ا الـ حالـمة .

Halemtu hulmā :
Halemtu ānani Hāmila.
Walaken hulmi āhlāmā
wa lissa muhtamal.
'ali ān uhml himli bihilm
'ala ān ālhulm yaraghash ālhurouf,
l m m l,
Fisaākun hāmila,
āna ālhālima.

Ce poème joue sur les mots 'hlm' : rêver (et son dérivé rêvasserie)
et 'hml' : porter, être enceinte (et ses dérivés fardeau, supportable)

J'ai fait un rêve
J'ai rêvé que montait ma sève,
Celle qui engendre.
Mais mon rêve n'est que rêvasserie,
Sans sève.
Il faut que lève ma sève par mes rêves
Il faut que mon rêve fasse danser les lettres
r/s/s/r
Et je serai ensève,
Moi qui rêve.

Déchirée
Du vide qu'elle enfante
En aiguillons de feu
Dans le creux de son ventre.

Dévorée
De l'absence qui se terre
Et hurle sa douleur
Quelque part
Dans ses chairs.

Emportée
Par l'écoulement lent
Cinglant, inexorable
Sentence la privant
A jamais de demain,

Lugubre,
Elle hurle.

1990

De moi

de l'intérieur de moi

l'étrange point,

en cycle vain.

Qui suis-je ?

De moi,

de l'intérieur de moi,

coule l'immonde

qui me tarit

de mon futur.

Je ne serai jamais demain.

1990

Veuve noire.

Que désire l'araignée avant l'acte cruel
quand elle attend
et voit venir à elle son amant tant aimé
quand elle sait que la mort scellera son plaisir
et que le jamais plus qui la fait veuve noire
hurle en son cœur meurtri une impossible issue.
Alors elle se rappelle, oripeaux de tendresse,
les rêves transparents de ses désirs en blanc,
quand dans les voiles en tulle de sa chambre de vierge
fière, elle se préparait à un plaisir sans fin,
irréversible autant que ce lien éternel
qui la lie à sa mère inéluctablement.
Mais cet appétit-là qui voit venir le mâle
se révèle tout à coup sans qu'elle y puisse mais,
assassin du futur, assassin de lui-même,
Suicidé essentiel qu'est la satisfaction
du désir.

Que ressent l'araignée pendant l'acte cruel ?
Aïsha Ghandisha aux couleurs du plaisir,
aguichante en ses chairs appelant la luxure,

scintillant de diamants hypnotisant sa proie,
l'enrobant d'une toile de paroles enjôleuses.
Elle oublie son passé, elle oublie son futur,
se livre toute entière à l'éternel présent,
à cet être qu'elle comble pour en être comblée,
à cet être inconnu qu'elle nomme et qu'elle crée.
Sans avant, sans après, sans enfant, sans parent,
Parce que ce lien qu'elle tisse, ce lien qui peut se rompre,
Est bien le seul qui soit entièrement régi
par le désir.

Que souffre l'araignée après l'acte cruel ?
quand elle demeure seule dans l'aube de volupté
et qu'elle prend le deuil du compagnon fidèle,
de ce seul partenaire où l'échange est possible,
de ce jumeau si autre, son inverse et son même,
ce tuteur potentiel qui pour toujours la laisse
en charge de quelqu'un d'autre, en charge d'être mère.
Coupable de la blessure dont elle est la victime,
déchirée de ce coup qu'elle porte aveuglément,
cicatrice noire de sa faute originelle,
veuve d'un plaisir virginal, d'un plaisir innocent,
veuve d'un compagnon, mais veuve aussi d'elle-même,
la voilà devenue, dans l'absence essentielle,
pour toujours veuve noire.

Que peut donc l'araignée hormis l'acte cruel ?

1989.

Veuve Rouge, l'inféconde.

A chaque lune revenue,
elle enfourche le blanc balai,
et fait couler le sang mauvais,
dans la nuit sombre de sa détresse.
Mais cette danse au clair de lune,
c'est celle des jours qu'elle calcule,
qui valsent en elle une courbe en fièvre.
N'inventez pas d'orgie dans la clairière.
   La Veuve Rouge n'est pas sorcière !

Cycle implacable de désespoir,
et des questions comme des passes,
qui souillent, violent et prostituent
l'intimité, la laissant nue.
Rouge de honte, elle se lave
de la blessure qui s'est rouverte.
Fille elle est, ce qu'elle n'a pas,
mais c'est certain
   La Veuve Rouge n'est pas putain !

Elle a perdu ces êtres chers
que sont l'image d'elle mère,
et celle si douce d'un père,
qui mute au futur son amant.

Si elle est veuve, c'est d'elle-même,
rouge des larmes mensuelles,
en deuil sanglant d'un rêve d'enfant.
Sa souffrance est sans mystère :
La Veuve Rouge n'est pas Mère.

Le vingt-huitième jour

Je coule
en larmes éternelles
où je noie mon chagrin
nid humide de pénombre.

Je coule
en sang lunaire maléfique
d'où s'écoulent tous mes futurs.
Je ne serai jamais demain....

Je coule
petite fille qu'on dit pisseuse
en ru emportant mon plaisir, en torrent ravageur,
en mer infertile.
       ... le désert a les seins taris...

Et j'ai beau hurler au secours
et tendre la main hors de l'eau
je vous le jure,
toujours, toujours,
je coule !

1990

Mendiante d'enfants
  je suis
Errant dans ma vie,
Dans la vie des enfants des autres
Voleuse d'un "maman" murmuré étourdiment,
tendrement.
Voleuse d'enfants,
Je me glisse subrepticement dans les maisons,
Dans les cours, dans les intimités où éclosent des poupons potelés.

Mendiante d'enfants professionnelle,
j'en ai fait mon métier, dans le jeu et le semblant.
Mendiante d'enfants au fil de mes amitiés,
Je grappille ce qui reste, en faneuse fanée.
Mendiante d'enfants je suis, éternelle tante,
Riche de mes filleuls, indigente de fille et de fils privée.

Main tendue, je prie le Ciel, le monde entier,
Et l'homme que j'aime.
La quête est vaine et je maudis le Ciel et le monde entier
Et j'injurie le Ciel qui m'a oubliée.

Sans laisser de traces derrière moi, maigre et plate,
Je traîne les rues de ma vie,
Dans le plaisir de septièmes ciels innombrables,
Qui jamais ne m'ensemencent.

Mendiante d'enfants
  je ne suis
Ni grosse ni féconde ni mère.
Qui m'a dépossédée de mon ventre,
Et de son creux en attente ?
Voleuse d'enfants ?
Non !
Volée.

1995

Deuil en blanc

L'enfant que je pleure n'a pas atteint la rive
de la vie
et le sang qui l'emporte
ne pourra colorer ma douleur
en creux, en absence, en trou :
Souffrance blanche.

Toi, l'enfant que je ne peux pleurer,
Mon bébé amoureux des étoiles,
éparpillant au vent de ton rire
les pâquerettes.
Ma petite fille essuyant crânement à sa salopette bleue
le cambouis et la poussière des foins.
Mon fils creusant de ses cris de joie la neige
en chemin labyrinthe.
Toi l'enfant que je ne peux pleurer
tu es si vrai, si réel,
que ton souffle me caresse.
Tu n'es pas pourtant, tu n'es pas né,
Tu es un blanc
dans mon histoire.

Je cherche désespérément
le mot qui me fera accéder à la souffrance
nommable, celle qui mène au réconfort.
Je fais appel aux larmes,
qui ne répondent pas.
Souffrance blanche.
Je fais appel à la blessure
qui mène au soin et à la conscience d'être.
Deuil en blanc.

Dans quel no man's land de brume demeure
L'enfant qui n'est pas,
l'enfant qui n'a pas atteint la rive ?
Dans quel no man's land demeurerai-je,
sans souffrance nommable,
sans douleur tangible,
sans mot pour combler
le blanc de mon deuil ?

On ne porte pas le deuil
D'un enfant qui n'est pas né.

1991.

Ils n'ont pas voulu de moi,
Alors que je leur faisais signe,
De loin,
De l'autre bord du monde,
Et leur annonçais ma venue.
Ils n'ont d'abord pas voulu de moi,
Puis se sont poussé du coude,
Taquins,
Frères, père et mère se sont bousculés,
Pour me faire place de
Princesse.

Il n'a pas voulu de moi,
Alors que je commençais à le suivre,
Déjà.
Il courait mon Aimé,
Sans prendre garde à moi.
Dans ma tendresse et dans mes cris,
Je n'étais plus qu'attente,
Aimante.
Et puis, magiquement il s'est ouvert à moi
Il m'a choisie, il m'a aimée,
Comblée.

De l'autre bord du monde
Ils se sont penchés vers moi,
Curieux,
Les enfants que j'aurais pu avoir
Se sont installés dans mes rêves,
Lovés dans mes nuits, me baisant de leur souffle,
Espiègles et câlins, tellement réels
Vivants.
Malgré la chaleur de mon ventre, et son duvet,
Ils n'ont pas voulu descendre, mes tendres bébés,
Pas nés !

        Les enfants que je voulais
        De moi n'ont pas voulu.

1995

Le fleuve tumultueux de la vie

Et j'ai mal d'être moi !

Cicatrice

Cassez donc les miroirs,
Cassez les tous !
Car je ne veux plus me voir :

Moi, rayée par la vie,
Rayée par la mort dont je ne sais pas même
Si elle n'est pas légende.

Suicidée de la main de mon inconscient
Qui a planté dans ma gorge le crabe empoisonné.

Marquée d'une trace étrangère, mortifère,
Griffée et portant à jamais la griffe de l'ennemi
Comme si j'avais laissé la haine s'inscrire sur ma peau.
…Où est donc ce corps pur vierge tout entier façonné d'amour ?...
Moi, déflorée par la haine après l'avoir été par l'amour.

Egorgée comme une poule aux cris stridents.

Couturée comme une poupée de chiffons
Et je m'efforce d'un foulard de protéger les yeux posés sur mon cou
D'un spectacle de film d'horreur.

Circoncise, moi qui pourtant n'avais par essence plus rien à perdre,
Il m'a fallu sacrifier même ce que je n'avais pas.

Guillotinée sans autre condamnation qu'une dette éternelle à payer.
…Car je suis une erreur de naissance !

Déchirée, balafrée,
Barrée de la liste des vivants.

Scarifiée pour que coule le sang, rouge béance,
ouverture fermeture fermeture ouverture,
encore et encore, sans pause et sans ménopause.
                    Blessée.
                    Vivante !

Cassez donc les miroirs
Pour que, dans le silence, fenêtre et yeux fermés,
Je m'apprenne à nouveau,
Pour que je m'épelle, voyelle après voyelle,
Fibre après fibre, pore après pore,
Jusqu'à la dernière pièce du puzzle.

2006

Je suis une erreur de naissance,
née en trop, trop tôt.
Et le stylo rouge pointant le tout faux,
tapi au fil des ans,
me guette,
prêt à saigner sa hargne
sur la page de mon histoire.

Tout faux ! rugit-il, rubicond de colère
quand je résiste à la mort
venue rétablir la donne.

Tout faux ! fulmine-t-il à la marge
de mes amours,
une erreur peut-elle avoir la prétention
d'être aimée ?

Tout faux ! ricane-t-il
Quand,
dans l'espoir d'accrocher mon maillon à la chaîne,
je tente d'enfanter,
et il égorge, de vingt-huit jours en vingt-huit jours,
mes espérances.

Tout faux, tout faux aussi de n'avoir pas tout faux,
il s'empourpre, expectore, crache, éructe :
réussites et succès ne sont que le raté
d'un ratage annoncé.

Et quand je m'acharne à noircir la feuille
de mes phrases aux couleurs d'espoir,
cramoisi de rage, il persiste et signe,
écorchant ma vie d'un sanglant
 zéro !

2011

I'm swimming in the rain

Je nage sous la pluie,
Je suis la goutte d'eau
Qui fait jonction entre ciel et mer,
Les marie et réinvente l'unité du monde.

J'appartiens,
Minuscule particule,
Tant aux nuages sombres
qu'à leurs ombres les vagues.

Moi dans l'eau, l'eau sur moi
et sur mon visage ruisselant,
j'effleure ce mystère d'un dedans-dehors mythique,

Comme une petite fille vidant puis remplissant puis vidant,
Indéfiniment,
son seau de sable.

J'aborde alors ce mystère premier
où,
Par la naissance,
L'enfant-dans-sa-mère laisse place
A la mère en lait s'écoulant en l'enfant.

Un cadeau,

C'est une rencontre, un pont-levis,
C'est le repose-main où s'entrelacent la main qui donne et celle qui reçoit,
C'est la balle qui s'élance,
La lumière se faufilant entre 2 regards.
C'est le miroir où 2 êtres se croisent et mêlent ensemble leur point commun
C'est ce quelque chose de toi à moi qui nous ressemble.

Je t'offre un cadeau
et je plonge en moi-même pour te trouver.

Mon histoire de l'Anarchie

Elle m'est venue à deux ans
Dans un cri né de mes tripes,
Un non clair et triomphant
Qui clamait que j'existe,
L'Anarchie.

Elle a grandi, s'est fortifiée
Contre les injustices grandes et petites,

L'Anarchie

Elle a flambé en salle de classe,
Debout face à la pionne,
Elle m'ouvrait à la solidarité,
Au plaisir du 'tous unis',
L'Anarchie.

Fille de rien, mauvaise fille,
Elle m'est venue de mon utérus,
M'a emportée.

C'est dans l'injure qu'elle a pris nom
Car quand on m'a traitée d'anarchiste,
J'ai su.
Et je l'ai enfin comprise,
L'Anarchie :

Elle est jouissance, elle est espérance,
Elle est quotidienne, elle est éternelle,
Une robe aux couleurs éclatantes,
Un vaste panier de fleurs tressées,
Un cerf-volant, une trottinette,
Des torrents enragés, des volcans enflammés,

L'Anarchie,
c'est un émoi
Qui vous prend aux tripes,
Vous ravage et vous ravit,

Le désespoir qui défonce les portes,
La violence qui affirme, exige la vie.

L'anarchie c'est ma façon de respirer.

L'anarchie c'est une utopie,
La seule manière d'être réaliste,
De savoir cette réalité
que si 'je' est un autre pour l'autre
l'autre est un 'je'
aussi.

C'est une émotion
Qui me met debout

L'Anarchie
C'est le noir qui éclaire le monde.

Noir, Abdou, comme ta peau ?

Noir comme ton humour
où tu railles ta propre tendresse.
Noir comme ta désespérance,
à l'ombre de tes espoirs fous et de tes rêves
immenses.
Noir comme ton langage,
car tu n'es jamais clair,
exigeant de notre affection d'être compris à demi-mot.
Noir comme la nuit où la vague chavire ton fils, le roulant et
l'emportant,
jusqu'à ce que tu lui apprennes à défier la mer.
Noir comme ton regard *lébou*, droit et fier jusqu'au suicide
de tes blanches amours.

Noir, "Dent", comme tes gencives, assombries pour qu'éclate le blanc
qui est la lumière de ton sourire.
Noir comme le zèbre,
léchant le blanc de ses plaies.

Noir comme le nom que tu te cherches
dans le sein profond de l'Afrique
et que tu fuis quand tu l'atteins,

Et tu construis entre lui et toi les villas du pouvoir
et tu dresses entre ses étoiles et toi des toits de certitude
et tu interposes entre son odeur et toi des parfums Christian Dior.
Mais je l'entends,
dans ta voix l'évoquant, poèmes et chansons,
dans ton corps le dansant,
dans ton désir qui l'appelle,
et dans la femme que tu voudrais aimer,
noire.

Noir, camarade, comme la liberté,
les combats millénaires,
noir comme toutes les luttes de libération,
comme Palestine, Afrique du Sud,
Chili aussi.
Noir comme Anarchie.

Noir comme l'ébène,

arbre guérisseur où se dansent les *Ndoeps*,
plongeant ses racines profondes dans le sol de ton pays,
mariant le ciel à la terre,
ébène plus précieux que l'or,
rehaussant l'éclat de l'argent,
parant le cou, les bras des femmes.
Noir comme notre amitié,
d'ébène,
bois et joyau tout à la fois.
Noir comme le soleil.   1983

Tremblement de mère

Notre belle au bois dormant
S'est réveillée sous nos baisers
Transformant un cauchemar
En un doux conte de fée.

A vivre les plus beaux contes,
on sombre dans la nuit,
Mais à les raconter, on plonge
Dans la caresse des étoiles.

Il était une fois un 26 novembre
Où Philomène s'en est allée
Se faire opérer.
Mais un sombre voile soudain s'est posé
Sur le lobe gauche du cerveau
De notre Philo,
Avalant ses mots ses forces ses pensées.

Ce conte, Philo, nous l'avons vécu,
En un tremblement de mère
Qui nous laissait tous naufragés,
Accrochés à toi comme à une planche de salut
A sauver.
Mais dans ton pauvre corps échoué,
Poupée de chiffon écrasée de silence et de fatigue,
Brillait une lueur palpitante :
Ton visage vivant et tendre
Qui à lui seul nous racontait
Comment aimer.

        Petite fille, tu es arrière-grand-mère,
        Tes parents ne t'attendent plus à la maison,
        Petite fille, tu es ma mère,
        Et si tes yeux crient au secours,
        Tes premiers mots émergeant des limbes
        Sont de sollicitude maternelle.
        Habille-toi, ne rentre pas trop tard, as-tu mangé ?

A vivre cet effroyable conte,
Je sombrais dans la nuit,
Mais à le raconter, je me cajole, sans bruit,
A l'étoile qui s'éveille.

2007

Palestine

J'ai fait un rêve,
C'était un cauchemar.
Contre moi un mur se dressait, m'arrachant le monde,
M'arrachant à moi-même,
Un mur de béton aux miradors menaçants.
Hélas ! Mon rêve était réel.

J'ai fait un rêve,
C'était un cauchemar.
J'étais béton et mes yeux mirador,
Je ne ressentais rien, je ne pouvais souffrir,
Je voyais sans frémir mes frères mourir,
Je voyais sans pleurer la terre désolée,
les maisons explosées, les arbres déracinés,
Je voyais sans gémir les enfants mutilés,
les bébés tués avant que d'être nés.
J'étais un mur déchirant le cœur de la terre
Sans racine et sans âme,
Etrangère.

J'ai fait un rêve. Oui, un rêve.
De tous les bords du monde, par milliers,
Des petites mains vers moi se tendaient,
Multicolores.
Mon corps de béton a frémi.

Et le béton se faisait pierres,
Multicolores.
Mon corps se livrait.
Et les pierres arrachées,
Dans les mains enfantines ensanglantées,
Se faisaient fruits et fleurs,
Multicolores,
Et chatouillaient la terre pour y prendre racine,
Feux follets frétillants, ivres de liberté.
                        Alors je me suis levée
                        Et de mon rêve
                        J'ai fait un rêve.

In « Des figues contre un mur de barbarie » édition Ancre et Encre 2003
Hommage à Martin Luther King

La Mort

En robe de bal elle viendrait, aux couleurs de l'arc-en-ciel,
comme celles qui brillent au septième ciel,
sur les atours étincelants de celle que parfois on appelle
la petite mort.

Dans tout l'éclat de sa jeunesse, car elle sait retenir le temps,
elle viendrait, à mon appel.
Elle ne tuerait que le futur,
un futur de fer et de sang, qui déchire et lacère
mes rêves.

De ses bras frémissants elle entourera en corolle
une seconde vacillante et fragile de joie pure,
joyau de tendresse :
> *la lune dans le tilleul*
> *ma main fouissant tes boucles noires*
> *le silence des étoiles*
> *et le froufrou de nos caresses.*

Au creux de son souffle, elle éternisera mon présent,
comme sa petite sœur l'amour, et me l'offrira en présent.
Mieux que sa cadette qui promet l'orgasme dont on ne revient pas,
elle me révélera au sens premier ce que mourir de plaisir veut dire.

Car heureuse je serai
dans l'éternité.

Avril 1996

La mort en noir

Ma mort en robe du soir,
après m'avoir promis l'éternité dans la joie,
s'est tuée dans un virage, au retour du bal.

A sa place, sombre et farouche, m'assaille
une vieillarde qui m'assène en cris acariâtres
les assertions les plus nihilistes.
De sa robe noire des lambeaux se déchirent
en un brouillard opaque qui efface le moindre demain.
D'une bourrade perfide elle me colle au malheur
dès que pointe un rayon d'espérance.
Elle qui n'est que pénombre, elle place sous projecteur
        la lâcheté de l'amie,
  ma solitude, la malchance qui me poursuit,
    les enfants qui m'ont fuie, l'amant si mal aimant,
    et l'orage ennemi.
Elle tue mon présent, minute par minute,
plus encore que mon avenir.
Elle tue mon passé au parfum de rose,
n'en laissant que les épines.

Elle a assassiné
ma mort de beauté, ma mort de septième ciel.

Et dans le désespoir m'a laissée
		pour l'éternité.

10 mai 1996

Hommage au photographe

Sur deux troncs échevelés
Un regard émerveillé
Tout doucement a posé
La brume,

Puis d'un clic a dessiné,
Comme autour d'un nouveau-né,
Le mystère, voile baigné
D'écume.

Qui es-tu, toi, créature,
Toute fondue dans la nature
Qui nous livre cette épure,
Jaune brune ?

Demain, quand je croiserai
Deux vieilles trognes égarées
C'est pour toi que je prendrai
Ma plume.

Alice

Alice est une perle
Je voudrais la mettre en collier
Mais comme d'Alice il n'y en a qu'une
J'aime mieux la regarder.

Alice est une fraise
Je voudrais bien la manger
Mais d'Alice il n'y en a qu'une
Alors je préfère la garder.

Alice est une biche
Je voudrais la caresser
Et comme d'Alice il n'y en a qu'une
Je la caresserai sans m'arrêter.

L'humain, une couleur de toutes les couleurs

Je chanterai la couleur de la Terre,
Marron
Et toutes les couleurs du marron,
terre d'ombre de limon fertile,
ocre rouge coiffé de chênes verts,
azur de cuivre où affleure le chardon bleu,
sable aimé de l'airelle, l'asperge et la bergamote.

Je savourerai tous les tons,
Chocolat crème noisette café caramel,
De cette terre nourricière
Où bleu jaune rouge se marient
En marron,
Indispensables chacun et ensemble,
Du fer au quartz rose, du chrome au zinc,
Pour que le monde tourne rond,
Marron.

Je chanterai le marron de nos selles,
Miracle des corps
Qui ingèrent verdure, jaune d'œuf et fruits rouges,
Les mélangent
Et rejettent couleur caca
Ce qui fait déchet pour nous
Et fumier pour nos roses.

Je chanterai la couleur de l'Humain,
Marron
Comme l'humus
et la Terre dont il est une infime partie.
Je chanterai de l'Humain l'unique couleur
Qui contient toutes les couleurs,
Où bleu rouge jaune se marient
En marron,
Indispensables chacun et ensemble à la vie,
Incontournable mélange
pour une peau d'harmonie couleur terre :
marron cuivré des Andes, saumoné sur la banquise,
beige à l'ombre des noyers, basané dans les hammams,
ambré sous les kimonos, sienne foncé autour des djembés …
tous pareillement livrés au doux effet brunissant du soleil.

Je saluerai le naufrage à venir
De ces mots qui séparent qui coupent qui tuent :
homme blanc homme noir.
Ils sombreront comme ont sombré dans l'ineptie
Les races rouge et jaune de nos vieux livres d'école :
Car ce ne sont que vues de l'esprit aveugles
Aveuglées de haine présomptueuse.
L'Homme n'est blanc que de son arrogance mystificatrice,
L'homme n'est noir que de son sang séché.
Croient-ils pouvoir naitre sans que se mêlent ensemble,
voluptueusement,
un homme et une femme ?

Oui ! Je chanterai en l'Humain le mélange
Et la Terre !

13 avril, naissance d'une petite **Plume,** saluée par le magnolia

Petite fleur d'avril se love sur sa branche,
penseuse et réfléchie,
Le treize elle frémit, déplie sa penne blanche,
gracieuse et hardie,
Un regard en amande croise les yeux en amande
maternels et ravis,
Merveille ! Elle s'envole vers les bras qui l'attendent,
paternels, attendris,
En esquissant sa vie de sa plus belle plume,

Plume !

Comptine pour Sacha

Savez-vous qui est Sacha ?
Ce n'est pas un petit chat
Mais un doux lion qui crécha
Dans les astres et s'y cacha.

Ses yeux sont comme le chas
D'une aiguille où s'afficha
L'éclat félin qui nicha
Dans son regard de pacha.

Si la maman accoucha
C'est bien papa qui trancha
Le cordon et qui sécha
Le bébé et le coucha.

Quand tendrement elle se pencha
Vers son ventre et qu'elle chercha
Un prénom, elle dénicha
Sacha. Sur qui elle flasha.

Sachez que Sacha chassa
Chagrin, chahut et prêcha
Chatouille, charme puis s'élança
Dans un joyeux chachacha.

Au pied de la Dent du chat,
Séduit par ces entrechats,
Tout le monde s'enticha
De notre gentil Sacha.

2008

Il est des rencontres qui ouvrent le chemin.

Elle s'appelle Fernande,
et c'est une maison ! Dans ses bras de légende
chacun trouve sa place. Ses escaliers immenses
nous offrent la bienvenue et ses cheveux de lierre
nous bordent de câlins. Sa peau de chaudes pierres
Autour d'elle nous rassemble : aujourd'hui comme hier
Nous voilà tous enfants.

Moi, quand je serai vieille,
bien vieille
Je voudrais être mot
Et quand je serai morte,
bien morte
Je voudrais être phrase…
…une phrase sans larmes
Qui porte la gaieté
D'avoir été.

Car je rejoindrai Fernande
En sa vieillesse éclose
et toutes les Fernandes
Qui nous donnent en offrande
du pain et des roses.

L'Anarchie,

c'est un arc-en-ciel né dans le creux du ventre,
là où on tremble et plie,

c'est une grande bouffée d'air dans le cœur,
là où on s'émotionne,

une lumière qui déborde dans la tête,
là où on pense

et un souffle flamboyant qui ouvre les portes de pensées
    …qui rejoignent d'autres pensées
        et illuminent l'avenir.

        Et c'est bon.

J'ai vécu mon amour sur une île déserte.

Aujourd'hui sur les ruines de cet amour perdu
planent lugubrement les noirs consolateurs
vautours becquetant les restes du bonheur.

Eux qui ont dédaigné mes plaisirs basanés,
Mes amours étrangères, mon couple éclaté et brûlant,
sont venus en ce jour compter les plats cassés,
égrenant leurs discours assassins de mes rêves,
et hurlant en silence des "je l'avais bien dit" mutilant du passé.

Ces absents de ma joie accourent au cimetière
et viennent s'enivrer au banquet de mes larmes,
fossoyeurs empressés de tous mes feu-désirs.

C'est pourquoi sur mon île j'ai choisi d'être seule,
et peuplant mon désert d'anciennes larmes, d'anciens rires,
je resterai entière pour voir se dessiner
l'arc-en-ciel lumineux de tous, tous, tous
mes souvenirs.

Compagnon compagnero

Casse tes chaines que tu croyais défenses
Laisse-toi emporter, posséder par l'ouragan
Abandonne ton enclos.

La tempête est ta vraie liberté
Ne la laisse pas s'échapper
Sois le vent dans la tempête.

Compagnon compagnero

Vent et tempête
Toi et moi
Nous labourerons la mer

Et nous récolterons
Des germes de révolution.

Je marche vers la mort.

Je marche dans le brouillard
où mon corps transparent hurle
son cruel besoin de mains qui lui redonnent
forme et chair et vie,
son désir de caresses qui l'animent à nouveau,
sa soif éperdue d'un regard qui le reflète,
une fois encore,
en couleurs.

Et un sourire - surpris d'être là -
un sourire s'est cloué sur mon visage veuf,
où les lèvres brûlent encore de baisers ravageurs,
où palpite toujours l'odeur d'après l'amour,
ce parfum d'en dedans mariant deux intérieurs,
où s'est tatoué sur l'iris, à jamais,
le grain de beauté moqueur, la cicatrice au front,
l'image de l'Aimé, promesse pour toujours,
- promesse chimérique ! -
d'extase et de ravissement.

Je marche vers la mort
Dans un désir glacé où flambe et se consume
un amour qui ne sait pas mourir
un amour qui ne sait pas tuer et me blesse et me broie.
Comment lui rester fidèle sans m'être à moi-même,
fondamentalement infidèle ?

Je marche vers l'amour mort,
un amour mort pour lui
et chez moi trop vivace et qui me fait zombie,
un amour mort vivant plus féroce que tout
qui me le livre en m'en privant,
ce compagnon qui n'est plus un amant.

Face à ce lui sans moi lumineux et tranquille,
je n'ai su préserver un moi sans lui,
je n'ai su m'inventer.
Et je ne peux survivre.

Je marche vers la mort.

L'amour encore, ne vous en déplaise

L'amour est enfant de bohème,
qui n'a jamais jamais connu de loi.
Georges Bizet

L'amour ne promet rien, ni jamais ni toujours,
                De lui on reçoit tout si l'on défie ce rien.

70 ans de mariage, un roman à l'eau de vie

Il écrit des poèmes,
Elle parle comme un livre,
Il rime leurs amours,
Elle romance leurs jours.

J'ai tété mon premier roman
Aux lèvres de ma mère
Me racontant un père absent
Parti loin à la guerre,
Brodant l'ode du fier militaire
Toujours riant et chantant…

Pas de roman à l'eau de rose
Pour ce roman à l'eau de vie,
Des héros en chair et en os :
Têtue (elle !) et irritant (lui !),
Ils se coucounent, ils se chamaillent
Ils vont de brouille en accordailles :
Ils marchent ensemble.

Et encore aujourd'hui,
Sur ses roulettes il la suit,
De peur qu'elle ne trébuche.
Et elle le couvre d'un chaud costume
De peur qu'il ne s'enrhume.

Ils sont deux affrontant l'orage
Des ans, fier de sa dynastie,
Lui ! Elle, aimante, sereine et sage,
Emmitouflée de ses chéris,
Pétillants de vie !

Ils continuent leur route fière
Et depuis soixante-dix ans
Ils font mentir tous les experts
Pour qui l'amour dure trois ans.

Car l'amour n'a pas de modèle,
Sa durée est fort capricieuse,
Aux consignes il reste rebelle,
C'est une folie guérisseuse.

Et moi, à trop écouter ma mère
Je suis tombée, sans m'y soustraire,
Folle amoureuse de l'amour.

Dans les pattes d'oie à mes tempes,
dans les sillons creusés tout autour de ma bouche,
dans tes boucles arabes, si noires, blessées de blanc,
et dans ton ventre enceint du temps qui passe,
elle s'enracine, chaque jour toute neuve comme au commencement,
    Notre tendresse a le poids
    de nos 30 ans d'amour.

Quand cette ride se creuse de nos ruptures,
ce cheveu blanc purifie nos retrouvailles,
et si mes mains osseuses signent nos douleurs,
nos échanges s'alourdissent dans ma taille,
chaque chute dessine profondément mes joues,
mais de mes yeux naissent des ailes d'oie
ciselées par chacun de nos envols.
    Notre passion a le poids
    de nos 30 ans d'amour.

Tes mains sur mon corps ont laissé leurs traces
précieuses,
notre plaisir, vin bonifié par les ans, a du bouquet

et du fruit et de la robe,
tes mains, lourdes de leur connaissance de moi
m'ont modelée et sculptée telle,
laissez donc le temps révéler mon héritage !
        Tes caresses ont le poids
           de nos 30 ans d'amour.

Jour après jour plus lourd est mon amour,
bijou enrichi des joyaux de ta tendresse.
Et toi qui fus ma différence, te voilà devenu mon proche.
Nous étions le jour et la nuit,
le temps en nous mariant nous fait aurore.
S'il en a les couleurs, je n'ai plus peur du crépuscule !
        Nos 30 années d'amour
           ont la légèreté aérienne et diaphane
                de la Certitude !

L'amour toujours, rime de rêve

L'amour,
c'est pas toujours toujours,
Mais parfois, oui !

L'amour d'une vie ?
Des fois, oui,
mais l'amour d'un jour
peut combler une vie,
aussi,
…et il est des cœurs assez grands
pour deux amours en même temps.

Rien n'est mieux, ni pire, ni plus, ni moins,

Maths, mesure, notes
contrat, contraintes et modes,
castes, lois et horloges
sont des entraves sur lesquelles l'amour se construit
pour mieux en jouer,
et en jouir.

L'amour est un jeu de cache-cache
entre robe blanche et nudité,
entre aliénation et liberté.

de Chantal Mirail

Une femmes, nouvelles au féminin pluriel
Éditions Le A Martin éditions, novembre 2000

Des figues contre un mur de barbarie,
roman témoignage en Palestine,
Éditions Ancre et Encre, octobre 2004

Lapis lazuli, un hiéroglyphe à double lecture
Éditions Ancre et Encre, mai 2003

Les légendes du chat
Éditions Ancre et Encre, avril 2004

La galère pour des cacahuètes,
politar aux Minguettes
BoD éditions, mars 2020

Contes de lumière sur le continent noir.
BoD éditions, mai 2020